INSELN IM BODENSEE

Holger Spiering

INSELN IM BODENSEE

Mit Texten von Iris Lemanczyk

DIE FEINE BODENSEE-BIBLIOTHEK

Stockacher Aach
Ludwigshafen
Bodman
Sipplingen
ÜBERLINGER SEE
Deutschland
BODANRÜCK
Überlingen
Salem
Radolfzeller Aach
Mindelsee
Birnau
Seefelder Aach
Wallhausen
Dingelsdorf
Radolfzell
Unteruhldingen
Moos
UNTERSEE
Liebesinsel
Iznang
Mainau
Rotach
HÖRI
Horn
Reichenau
Meersburg
Gaienhofen
Langbohl
Stein am Rhein
Hemmenhofen
Konstanz
Hagnau
Immenstaad
Schussen
Wangen
Mannenbach
Friedrichshafen
Rhein
Öhningen
Berlingen
Gottlieben
Dominikanerinsel
Vogelinseln
Steckborn
Triboldingerbohl
Ermatingen
Mammern
Kreuzlingen
Argen
Werd-Inseln
Altnau
Langenargen
Leiblach
Kressbronn
SCHWEIZER SEERÜCKEN
Nonnenhorn
OBERSEE
Wasserburg
Romanshorn
Lindau
Aach
Galgeninsel
Schweiz
Willerbach
Insel Hoy
Arbon
Bregenz
Horn
Hard
Alter Rhein
Steinach
Altenrhein
Rorschach
Bregenzer Ach
Goldach
Dornbirner Ach
Rhein
Rheintaler
Binnenkanal
St. Gallen
Österreich

Inseln im Bodensee

Es gibt große. Es gibt kleine. Unbewohnte oder eine ganze Stadt beherbergende. Manche sind unzugängliche Naturschutzgebiete, andere Touristenmagneten. Aber allen ist gleich, dass sie über den Wasserspiegel hinaus ragen. Inseln. Vierzehn gibt es im Bodensee. Als Insel muss man nicht nur über den Wasserspiegel hinaus ragen, man muss auch vollständig von Wasser umspült sein. Dann ist man per Definition eine Insel. Doch zum Beispiel die Reichenau oder auch Lindau sind durch Dämme bzw. durch eine Seebrücke mit dem Festland verbunden. Sind sie trotzdem Inseln? Ein eindeutiges *Ja*. Wenn die Natur für eine vollständige Wasserumgebung gesorgt hat, dann kann der Mensch noch so viele künstliche Dämme oder Brücken bauen, dann bleibt die Insel eine Insel.

Insel Reichenau: *die größte Insel des Bodensees und UNESCO-Weltkulturerbe*
Auch die Reichenau, mit 4,5 Kilometern Länge und 1,5 Kilometern Breite die größte Insel im Bodensee, mit drei Ortsteilen, die sich um drei noch erhaltene romanische Kirchen herum gruppieren: Oberzell im Osten mit der Kirche St. Georg, die berühmte Wandmalereien birgt, dann Mittelzell mit dem Münster St. Maria und Markus und dem ehemaligen Klostergebäude. Und an der Westspitze der Insel Niederzell, erkennbar an der Kirche St. Peter und Paul mit ihrer Doppelturmfassade.

Rings von Wassern wild umbrandet,
Stehst du fest, ein Fels der Liebe,
Streuest weit und breit der Lehre
Samenkörner, sel'ge Insel.
(Walahfrid Strabo, * 808/809; † 849)

Sel'ge Insel Reichenau. *Reiche Au*. Eine lange Pappelallee, rechts und links Schilf, dann Wasser. Seit 1838 kann man trockenen Fußes auf die Insel gelangen, seit der Damm aufgeschüttet und die Pappelallee gepflanzt worden ist. Zuvor gab es lediglich eine Furt, die man nur bei niedrigem Wasserstand passieren konnte.

Schmale Wege für Traktoren durchziehen die ruhige Insel. Salatbeet reiht sich an Salatbeet, dazu Brokkoli, Lauch, Tomaten, Gurken, Spinat und Rettiche. Die Reichenau ist eine Gemüseinsel. 2,4 Quadratkilometer, mehr als die Hälfte der Inselfläche, dienen dem Gemüseanbau, davon ein halber Quadratkilometer in Gewächshäusern. Nicht der Salatköpfe wegen, sondern wegen ihrer Vergangenheit als kulturelle, politische, künstlerische und religiöse Keimzelle Mitteleuropas sowie ihrer alten Mönchskultur, zählt die Reichenau seit 2001 zum UNESCO-Weltkulturerbe. Seit mehr als tausend Jahren leben Natur und Kultur in einer harmonischen Verbindung. Klosterinsel und Gemüseinsel.

Früher wurde nicht Gemüse angebaut, sondern Weintrauben. Der Reichenauer Wein hatte einen guten Ruf, Absatzprobleme gab es nicht. Doch über die Jahre hinweg vernichtete immer wieder Hagel die Ernte. Mit dem Bau der Eisenbahn kam fässerweise Elsässer Wein an den Bodensee, dies bedeutete eine weitere wirtschaftliche Verschlechterung für die Reichenauer Weinbauern. Mehr und mehr wurden die Rebflächen in Gemüsebeete umgewandelt.

Kaum zu glauben, dass 724, als sich der Wandermönch Pirmin auf die Insel übersetzen ließ, diese unwirtlich gewesen sein soll. Es hauste dort, so weiß es die Sage, *giftiges Gewürm*: Schlangen und Kröten. Als Pirmin allerdings seinen Fuß auf die Reichenau setzte, floh das Getier und stürzte sich in den See. Pirmin wird der erste Abt der *richen auwe* und legt den Grundstein für den Ausbau zur Klosterinsel mit 20 Kirchen und Kapellen. Abt Walahfrid gründet im neunten Jahrhundert eine Gelehrtenschule samt Bibliothek, mit 400 Büchern ist sie die umfangreichste des Abendlandes. Die Sammlung ist immens, denn Bücher werden aufwändig von Hand geschrieben und vervielfältigt. Die Reichenau wird zur *Schule der Nation*, zur Kaderschmiede der Karolinger. Denn Karl der Große mit seinem Riesenreich benötigt gut ausgebildete, schreib- und lesekundige Verwalter für seinen ausgedehnten Besitz.

Walahfrid Strabo ist einer der bedeutendsten Dichter des Mittelalters. Sein wohl populärstes Werk ist *Liber de cultura hortorum,* das *Buch über den Gartenbau*. Darin beschreibt er 24 Pflanzen, die im Klostergarten wachsen, deren Heilkräfte, aber auch, was es an Arbeit im Garten zu tun gibt, damit nicht das Unkraut den Boden überwuchert, die Pflanzen nicht vor Durst erschlaffen. Hinter dem Münster, von einer mit Pflanzen überwucherten Mauer umgeben und von den meisten Besuchern unbemerkt, liegt der Kräutergarten des Klosters. Er wurde nach Strabos Buch angelegt. Alle von ihm genannten Pflanzenarten sind in dem idyllischen Gärtlein zu finden.

Lange war auf der Reichenau die Gerichtsbarkeit angesiedelt. Wurde ein Angeklagter zum Tode verurteilt, so konnte das Urteil nicht auf der Insel vollstreckt werden. Denn die ganze Insel war *heiliger Boden*, auf dem Waffentragen verboten war. Verurteilte wurden mit dem Boot nach Allensbach gebracht, wo auf den Allensbacher Galgenäckern das Urteil vollstreckt wurde. Während der Überfahrt durften die Verurteilten noch hoffen: Dem Reichenauer Abt stand es frei, den Verurteilten zu begnadigen. Bevor das Boot mit dem Verurteilten Allensbach erreicht hatte, ließ der Abt das Armesünderglöcklein läuten. Dann wusste der Henker, dass er keine Arbeit hatte, und der Begnadigte wurde freigelassen. Durch die Begnadigungen erhielt der Seeanteil zwischen der Reichenau und dem Bodanrück seinen Namen: *Gnadensee*.

Im Laufe der Zeit geht die Zahl der Mönche auf der Reichenau zurück, Mitte des 18. Jahrhunderts wird das Kloster endgültig aufgelöst. Seit 2004 versuchen zwei Benediktinermönche an die uralten klösterlichen Traditionen anzuknüpfen. Sie haben die *Cella St. Benedikt* gegründet, die der Erzabtei Beuron im Kreis Sigmaringen zugeordnet ist. Insgesamt leben heute etwa 3500 Menschen, meist Landwirte, Winzer und Fischer auf der Reichenau.

Bis heute hat sich die Reichenau ihre besondere Aura von Ruhe trotz Betriebsamkeit bewahren können.

← Erst aus der Luft werden die endlosen Flächen der Gewächshäuser auf der ganz dem Gemüseanbau gewidmeten Insel Reichenau so richtig sichtbar. Dahinter ist bereits das Ufer des Schweizer Kantons Thurgau erkennbar.

← Die mit Pappeln bewachsene Dammstraße bildet die Verbindung zwischen der ehemaligen Insel und dem Festland. Sie ist umgeben von den Schilfflächen des Naturschutzgebiets Wollmatinger Ried.

Novembernebel hüllt die Dammstraße ein. Der Damm wurde 1838 aufgeschüttet und ermöglicht sowohl Auto- als auch Radfahrern Ausflüge auf das UNESCO-Weltkulturerbe.

Das Münster St. Maria und Markus im Reichenauer Ortsteil Mittelzell ist mit seiner Klosteranlage die größte von drei romanischen Kirchen auf der Insel und blickt auf eine über 1500-jährige Geschichte zurück.

Im Mittelzeller Hafen auf der Südwestseite der Insel legen die Schiffe für den Personenverkehr an. Hier befindet sich auch das Zollamt für den Warenverkehr in die Schweiz.

Weidenbäume, die zum Teil bis in das Wasser reichen, erinnern an den ursprünglichen Bewuchs des Bodenseeufers. Auf der Reichenau ist dieses Naturufer an vielen Stellen erhalten.

→ Reichenau, Uferweg bei Mittelzell.

Das ehemalige Benediktinerkloster in Mittelzell wurde 724 gegründet und war eines der wichtigsten Zentren zur Christianisierung Alamanniens.

→ Am Mittelzeller Hafen blühen die Kastanien. Was gibt es Schöneres, als sich hier gemütlich am Ufer niederzulassen und ein Eis zu essen, während draußen Segelboote vorbeiziehen?

Der kleine Kiosk mit dem
Imbiss
LANGNESE
Coca-Cola
Bild

← Denkmal für die Kriegsgefangenen vor dem Mittelzeller Münster St. Maria und Markus.

Auch Erdbeeren wachsen auf der fruchtbaren Insel Reichenau und können direkt am Feldrand erstanden werden.

Die romanische Säulenbasilika St. Peter und Paul im Ortsteil Niederzell liegt im für den öffentlichen Autoverkehr nicht mehr zugänglichen, letzten Zipfelchen der Insel.

← Wie extra für den Fotografen gepflanzt, erscheinen diese bunten Reihen von Reichenausalat vor der Kulisse der Kirche St. Peter und Paul.

Viele Bewohner der Reichenau haben ein Boot direkt vor der Haustüre liegen, wie hier am von der Herbstsonne beschienenen Ufer beim Mittelzeller Hafen.

→ Die höchste Erhebung der ansonsten flachen Insel ist die Hochwart mit 438 Metern. Hier liegt ein 1839 erbautes, zweigeschossiges Teehäuschen, von dem aus sich ein schöner Rundblick über den Rest der Insel bietet.

HONDA

← Die neuere Bebauung der Reichenau – wie hier in Mittelzell – grenzt direkt an die noch immer fleißig bewirtschafteten Felder.

Der schönste Platz, um der Sonne beim Untergehen zuzusehen, befindet sich am Ufer des Campingplatzes *Sandseele*. Von hier reicht der Blick bis hin zu den Vulkanhügeln des Hegaus.

Sturmwarnung an der Schiffsanlegestelle in Mittelzell. Hier treffen die aus dem Hegau heranziehenden Gewitter ungebremst auf die Insel und man kann die Naturgewalten spüren.

INSEL REICHENAU

Die Steinstatue des Heiligen Bischofs Pirmin an der Auffahrt zur Insel. Er betrat der Überlieferung nach im Jahre 724 als erster die Insel, befreite diese von Schlangen, Kröten und Gewürm, machte sie urbar und gründete das Mittelzeller Kloster.

Abendwolken türmen sich über der Oberzeller Kirche St. Georg. In ihr wurden berühmte, spätkarolingische Wandmalereien entdeckt.

Triboldingerbohl und Langbohl: *auf Schnegglisand gebaut*

Nur etwa zwei Kilometer von der Insel Reichenau entfernt und trotzdem weitgehend unbekannt ist die viertgrößte Bodenseeinsel: der Triboldingerbohl. Der Wind spielt mit Gräsern und Schilf. Schnattern und Quaken ist zu hören. Den Kolbenenten, Zwergtauchern, Reiherenten, aber auch dem Höckerschwan gefällt es hier gut, genauso dem Schwarzhalstaucher. Sie lieben die Insel als Ruheplatz, zur Aufzucht ihrer Jungen und weil sie auf der 780 Meter langen und 230 Meter breiten Insel ihre Ruhe haben. Menschen wohnen hier nicht, denn Triboldingerbohl, genauso wie die kleine Schwester, Langbohl, gehören zum Naturschutzgebiet des Wollmatinger Riedes. Die Inseln bestehen aus *Schnegglisand*, wie die Kalkausscheidungen von Blaualgen in der Schweiz genannt werden.

Die beiden Inseln Triboldingerbohl (links) und Langbohl (rechts) gehören zu einem der ältesten und bedeutendsten Naturschutz-gebieten am Bodensee, dem 767 Hektar großen Wollmatinger Ried.

Liebesinsel: ***beim Update versenkt***

Auch die Insel mit dem schönsten Namen ist Vogelschutzgebiet und liegt nur 200 Meter vor der Halbinsel Mettnau: die Liebesinsel. Groß ist sie mit ihren 97 x 42 Metern wahrlich nicht, aber berühmt. Denn die Liebesinsel war Drehort für den Heimatfilm *Die Fischerin vom Bodensee*. Der verliebte Hans findet seine Angebetete Maria auf der Insel. Damit sie ihm nicht entwischen kann, lässt er beide Boote von der Leine. Natürlich erhört die schöne Maria ihren Hans auf der Liebesinsel. Ganz so romantisch scheint *Google* nicht veranlagt zu sein. Beim Update von *Google Maps* – dem Landkartenangebot – wurde die Liebesinsel versenkt. Sie ist dort nicht mehr zu sehen.

Die kleine Liebesinsel vor Radolfzell ist Teil des Naturschutzgebiets der Halbinsel Mettnau und ein beliebtes Ausflugsziel für Bootsfahrer.

3 Per. KN 4 163

Werd-Inseln: *der ideale Siedlungsplatz*

Im westlichen Teil des Bodensees, zwischen Stein am Rhein und Eschenz, liegt die Inselgruppe Werd. Die Hauptinsel Werd ist durch einen 125 Meter langen Holzsteg mit dem Festland verbunden. Die übrigen Inseln sind von Vögeln, Fröschen und Libellen bewohnt und bilden das Naturschutz- und Vogelschutzgebiet Mittleres und Unteres Werdli. Auf der Insel Werd starb Otmar, der erste Abt des Klosters St. Gallen, im Jahr 759. Er war als Sträfling der Franken auf die kleine Insel verbannt worden. Dort wurde er auch beigesetzt, doch zehn Jahre später holten die Mönche ihren toten Abt wieder nach St. Gallen zurück, wo man ihn zum zweiten Mal beerdigte. Über der Grabstelle in Werd wurde eine Kapelle gebaut, die St. Otmar Kapelle.

Werd war schon lange ein idealer Siedlungsplatz: reicher Fischfang, dazu fruchtbares Gelände am Wasser und vor Feinden geschützt. Ab 4500 v. Chr. sollen sich hier erste Siedler niedergelassen haben, sehr wahrscheinlich wohnten sie in Pfahlbauten. Steinbeile, Pfeilspitzen, Sicheln aus Feuerstein, Keramikscherben und Angelhaken aus Knochen sind auf der Insel gefunden worden. Im Winter 2005/2006 war der Wasserstand extrem niedrig. Damals gab der See etliche prähistorische Objekte frei. Auch die Römer hatten die Inseln geschätzt. Als sie eine Brücke zwischen Rätien und Germanien bauten, benutzten sie die Werd-Inseln quasi als Brückenpfeiler. Seit 1957 leben Franziskanermönche als Pächter auf der Insel.

Das Untere Werdli im Ausfluss des Rheins aus dem Untersee besteht aus Schilf und ein paar Bäumen. Es ist Teil eines Naturschutzgebiets.

Die Hauptinsel der drei Werdinseln ist durch eine Brücke mit dem Festland verbunden. Hier leben noch immer ein paar Franziskanermönche, die dort den schönen, großen Klostergarten bestellen.

Das Mittlere Werdli ist die kleinste der drei Inseln. Da die Werdinseln alle noch oberhalb der durch Stein am Rhein führenden Rheinbrücke liegen, werden sie offiziell als Bodenseeinseln und nicht als Flussinseln eingestuft.

→ Die Hauptinsel Werd gehört im Gegensatz zu den beiden anderen Werdinseln zur Gemeinde Eschenz im Schweizer Kanton Thurgau. Links erkennbar sind das malerische Örtchen Stein am Rhein und die Burg Hohenklingen auf dem Schiener Berg.

THURGAU

Mainau: *ein Fest für die Augen*

Stille wie auf Werd findet sich auf der Insel Mainau im Überlinger See eher selten. Die Mainau ist ein Besuchermagnet. Dafür wird auf der Insel viel getan: 70 Gärtner pflanzen, jäten, schneiden, zupfen. Wenn die Kirschen blühen, sollen sich unter den Zweigen farblich abgestimmte Tulpenkelche öffnen. Hornveilchen, Begonien, Mohn und Hibiskus blühen. Rosen folgen auf Rhododendron, und Dahlien sorgen für ein herbstliches Finale. Nichts auf der Insel Mainau bleibt dem Zufall überlassen. Egal, ob Ostern früh im Jahr ist oder später: Wenn die Osterbesucher kommen, müssen Osterglocken und Tulpen blühen. Der Beiname *Blumeninsel* verpflichtet.

Feuchtwarme Luft legt sich schwer auf die Haut, Wasser plätschert, Grün, ringsum Grün und ein lautloses Flattern überall. Schmetterlinge, manche groß wie Spatzen und bunt wie Papageien, manche winzig mit transparenten Flügeln, andere glänzen metallisch. Alle flattern sie im Schmetterlingshaus der Mainau.

Seit 1271 war die Insel ein wichtiger Stützpunkt des Deutschen Ordens. Erst 1853 gelangte die Mainau an den Großherzog Friedrich I. von Baden. Er hat die Zedern und Mammutbäume im *Arboretum* pflanzen lassen. Friedrichs Tochter Viktoria wurde schwedische Königin und vererbte die Insel ihrem Enkel, Graf Lennart Bernadotte. Eigentlich sollte er schwedischer König werden, doch seine Hochzeit mit einer Bürgerlichen – der Fabrikantentochter Karin Nissvandt (gestorben 1992) – schloss ihn von der Thronfolge aus. Der Graf zog auf die Mainau und machte aus ihr ein Blumenparadies, das zu einer der bedeutendsten Touristenattraktionen am Bodensee wurde.

2005 stirbt Graf Bernadotte, im Oktober 2008 stirbt seine zweite Frau, Sonja Gräfin Bernadotte, die seit 2001 Geschäftsführerin der Mainau war. Seit Anfang 2007 führt ihre Tochter, Bettina Gräfin Bernadotte, das Unternehmen mit Park, Tiergehege, Streichelzoo und Schaubauernhof, mit Palmenhaus, Ausstellungen, Schmetterlingen und Blütenpracht – die Mainau ist ein Fest für die Augen.

← Neben dem Schloss Mainau liegen das neue Palmenhaus und der *Italienische Rosengarten*, dahinter sind der Mainauhafen und die beiden Schiffsanlegestellen erkennbar.

Jeden Sommer schmückt eine umfangreiche historische Sammlung an Zitrusfrüchten den Hof des Mainauschlosses.

Der Gärtnerturm, gleich neben dem Torhaus, ist ein Relikt der ursprünglichen Befestigungsanlage des Schlosses. Inzwischen wird den Besuchern dort eine Multivisionsschau über den Bodensee präsentiert.

Einer der Höhepunkte bei einem Besuch auf der Blumeninsel Mainau ist sicherlich der Spaziergang durch den *Italienischen Rosengarten*. Dieser wurde von Großherzog Friedrich I. von Baden im 19. Jahrhundert angelegt und beherbergt etwa 500 verschiedene Rosensorten.

→ Früh am Morgen schwebt ein betörender Duft über dem *Italienischen Rosengarten*. Noch scheint er verlassen vor sich hinzuträumen, bevor die ersten Besucher eintreffen.

Marmorfiguren und Standbilder schmücken die Blumenrabatten entlang der Kieswege im Rosengarten. Jedes Jahr wird hier die Mainau-Rosenkönigin gewählt.

Der erste Morgensonnenstrahl trifft den Springbrunnen im *Italienischen Rosengarten*.

Die Tulpen- und Kirschblüte entlang der Frühlingsstraße ist besonders im Gegenlicht eine Farbenpracht. Welche unermüdliche Arbeit hinter dieser Augenweide steckt weiß nur, wer den Gärtnern im Herbst einmal beim Stupfen der Blumenzwiebeln zugesehen hat.

Wer den Blick von der Tulpenpracht an der Frühlingsstraße einmal erhebt, kann im Hintergrund die schneebedeckten Schweizer Alpengipfel und die Autofähren der Verbindung Meersburg-Konstanz erblicken.

Einer der Springbrunnen im *Italienischen Rosengarten*.

Noch vor kurzem haben Narzissen die Wiese hier geschmückt, jetzt blühen bereits die ersten Rosen und kündigen den Sommer an.

Im Schmetterlingshaus herrscht zu jeder Jahreszeit tropisches Klima. Hier tummeln sich exotische Tag- und Nachtfalter von ca. 80 verschiedenen Schmetterlingsarten.

Diese schmiedeeisernen Bänke sind über die ganze Blumeninsel verteilt und gönnen dem fleißigen Wanderer eine kurze Rast.

Rund 250 Gehölzarten wachsen im *Arboretum* des Schlossparks. Die ältesten Bäume wurden bereits vor über 150 Jahren gepflanzt und haben inzwischen eine stattliche Größe.

Am Fuß der *Italienischen Wassertreppe* scheint die Sonne durch die sie umgebenden Zypressen.

MAINAU
Bodensee

Sogar Schweizer Schiffe legen am Hafen der Mainau an und entlassen eine Ladung Besucher, während andere bereits auf die Abfahrt warten.

Der von Tulpen umgebene Schwedenturm erinnert an den *Dreißigjährigen Krieg* und schwedische Truppen, die damals die Insel besetzt hielten.

Blumentiere wie dieser Pfau schmücken die Rasenflächen des Kinderlandes.

Ein echter Pfau schlägt gleich daneben, an der Großherzog-Friedrich-Terrasse, sein Rad.

Grossherzog
Friedrich I.
von Baden
Gründer des
Mainauparkes

Vom Wasser her erkennt man die schmucke Ostseite des Schlosses, die hier neben der Hafeneinfahrt in der Morgensonne glänzt.

Tropische Palmen, wie diese Bananen, vermitteln im Sommer südliches Flair. Im Hintergrund geht die Sonne über dem Meersburger Ufer auf, die Schiffslände ist noch menschenleer.

Auch im Schlosshof wird man im Sommer an das Mittelmeer erinnert.

Das Schwedenkreuz an der Mainaubrücke zum Festland ist ein Relikt der schwedischen Besatzung von 1647. Die Insel wurde damals geplündert und zerstört, das große Bronzekreuz jedoch war offensichtlich zu schwer und wurde daher im Flachwasser vor dem Festland zurückgelassen.

DOMINIKANERINSEL: *Kloster, Fabrik und Hotel*

Die Dominikanerinsel gehört zur Altstadt von Konstanz und ist nur durch einen sechs Meter breiten Graben von der Altstadt getrennt. Früher war der Graben viel breiter, doch mit dem Bau der Bahnlinie wurde er teilweise zugeschüttet. Lange vorher, im Jahr 1234, verfügte der Konstanzer Bischof Heinrich von Tann, auf der Insel ein Kloster zu gründen. Während des Konstanzer Konzils (1414 – 1418) wurde im Kerker des Klosters der Kirchenkritiker Jan Hus vor seiner Ermordung gefangen gehalten. Gleichzeitig ließ es sich die französische Delegation im Kapitelhaus des Klosters gut gehen. Später wurde das Kloster in ein Hospital umgewandelt, 1785 wurden die Mönche vom österreichischen Kaiser Joseph II. vertrieben. Ihm lag florierendes Gewerbe mehr am Herzen als Bettelmönche. Am 26. Juli 1785 wurde die letzte Messe gelesen, tags drauf das Kloster geschlossen.

Der Kaiser überließ die Insel dem Genfer Fabrikanten und Bankier Jacques Louis Macaire de L'Or, der eine Textilmanufaktur samt Färberei auf der Dominikanerinsel betrieb. Später dann, als sich die Textilmanufaktur nicht mehr rentierte, hatte Eberhard von Zeppelin die Idee, aus der Fabrik ein Hotel zu machen. Das ist sie bis heute geblieben.

Die Konstanzer Altstadt mit Münster und dem vorne links liegenden Inselhotel auf der Dominikanerinsel. Im Hintergrund sind das Konzil und der Hafen erkennbar.

Das frühere Dominikanerkloster gehört heute zur *Steigenberger* Hotelgruppe und ist über eine kleine Brücke mit der Konstanzer Altstadt verbunden.

→ Umgeben von Stadtpark, Altstadt und Rhein leuchtet das Inselhotel in der abendlichen Dämmerstunde.

Wasserburg: *Insel? Halbinsel?*

Die Stadt Wasserburg lag bis ins frühe 18. Jahrhundert eindeutig auf einer Insel. Hier brachten sich schon im zehnten Jahrhundert die Mönche vom Kloster in St. Gallen vor den Hunnen in Sicherheit. Die Herren von Schellenberg ließen Wasserburg zu einer Festung ausbauen, dennoch wurde Wasserburg im 14. Jahrhundert in Schutt und Asche gelegt. Dem hoch verschuldeten Grafen von Montfort kaufte der Graf Fugger von Kirchberg und Weißenhorn die Insel für 63.000 Gulden ab. Weil der Graf 1720 kein Geld für eine neue Zugbrücke zur Burg ausgeben wollte, ließ er kurzerhand den Seegraben auffüllen und machte Wasserburg dadurch zu einer Art Halbinsel.

Mit seinem Zwiebelturmkirchlein und dem weißen Schloss vor der Alpenkulisse gehört Wasserburg zu den malerischsten Flecken am See. Der Schriftsteller Martin Walser wurde 1927 in Wasserburg geboren und verbrachte seine Kindheit und Jugend hier. Das Museum im Malhaus widmet dem berühmten Sohn und Ehrenbürger der Gemeinde einen eigenen Raum. Viele seiner frühen Romane und Erzählungen spielen am See und im Hinterland. Zusammen mit dem Maler André Ficus brachte Walser das Buch *Heimatlob* heraus, das eine Landschaft preist, die für sich selbst spricht und Künstler seit jeher anzieht.

Einer privaten Initiative verdankt die Gemeinde Wasserburg dieses Überbleibsel des ausgemusterten Motorschiffes *MS Wasserburg*. Außer dem Schriftzug und Wappen des inzwischen verschrotteten Schiffes finden sich heute auch noch die Erinnerungsstücke Belegpollen, Ankerstock, Schiffsschraube und Boje neben der Schiffsanlegestelle.

WASSERBURG

Dramatische Abendwolken türmen sich über der Wasserburger Halbinsel. Ein schöner Blick bietet sich von der anderen Seite der Bucht von Nonnenhorn aus.

Ein Personenschiff der *Weißen Bodenseeflotte* legt von der Halbinsel Wasserburg ab.

Schäfchenwolken über der Wasserburger Kirche St. Georg und dem Hafen.

→ Die Zinnen der alten Badehäuschen am Wasserburger Hafen wecken Erinnerungen an vergangene Zeiten.

Früher befand sich in dem am Hafen gelegenen Malhaus das Gericht der Fugger, später wohnten Mönche und Schulklassen darin, heute beherbergt es ein Museum.

Blick durch die Ufervegetation des Malerwinkels, der seinen Namen wohl daher hat, dass hier schon viele Maler gesessen und die Schönheit der Wasserburger Halbinsel festgehalten haben.

HOHENTWIEL

← Das Dampfschiff *Hohentwiel* legt vor der katholischen Pfarrkirche St. Georg an. Vom Wasser aus ist der Inselcharakter der ursprünglich nicht mit dem Festland verbundenen Halbinsel noch gut erkennbar.

Die Pfarrkirche St. Georg besaß ursprünglich ein Spitzdach, erhielt aber im 17. Jahrhundert ihr heute charakteristisches Zwiebeltürmchen.

→ Überall entlang des Seeufers standen früher solche Badehäuschen aus Holz.

← Früh morgens herrscht noch Stille am Steg der Wasserburger Schiffsanlegestelle.

Die von Lindau her einfallenden Morgensonnenstrahlen beleuchten die Halbinsel, während der Steg im Vordergrund noch im Schatten liegt.

Die Besitzer der im Wasserburger Hafen liegenden Boote haben in regelmäßigen Abständen mit den hier angeschwemmten Treibholzbergen aus der Bregenzer Bucht zu kämpfen. Heute aber ist alles friedlich, die Kirche St. Georg glänzt im Morgenlicht.

Ein rotes Seezeichen, die Schiffsanlegestelle und die Reste eines alten Wellenbrechers spiegeln sich im glatten See.

LINDAU: *Wein, Wohlstand und südlicher Charme*

Wie an zwei Tauen durch die Seebrücke und den Eisenbahndamm festgezurrt liegt die 68 Hektar große Insel im Bodensee. Am Hafen laufen alle Fäden Lindaus zusammen: Besucher, die mit Bahn oder Schiff ankommen, sammeln hier erste Eindrücke. Schiffe legen an, Enten quaken. Fliegende Händler bieten ihre Waren feil. Eine Frau spielt Akkordeon. Selbstbewusst schaut der *Bayerische Löwe* von der Hafenmole zum Breitbandpanorama der schimmernden, schneebedeckten Alpengipfel hinüber, sieht den Schiffen nach, die zum Schweizer Ufer auslaufen und begrüßt die kommenden Schiffe mitsamt den Besuchern. Seit 1856 residiert der steinerne Löwe – ein Werk des Bildhauers Johann von Halbig – am Hafen, ganz in der Nähe des 33 Meter hohen Leuchtturmes. Wer seine 139 Stufen überwunden hat, der wird mit einer herrlichen Aussicht auf Lindau, den See und die Alpen belohnt.

Glückliches Lindau, soll Friedrich Hölderlin beim Anblick der Stadt geseufzt haben. Wo einst ein kümmerliches Fischerdorf lag, liegt heute die malerische Altstadt mit kleinen Gässchen, schmuck herausgeputzten Patrizierhäusern, mit Cafés, Nobelhotels, mit vielen Brunnen und dem Rathaus samt Glockenspiel.

882 verfasste ein Mönch aus St. Gallen die Urkunde mit dem ältesten schriftlichen Beleg des Namens Lindau. Lindau – *Linden-Au*. Ob dieser Name von dem keltischen Wort *Lint* (Sumpf) abgeleitet werden kann oder von *Linden*, die auf der Insel wuchsen, ist ungeklärt. Sicher ist dagegen, dass in der ersten Urkunde die Lindau als Standort eines Benediktinerinnenklosters erwähnt wird. Graf Adalbert von Rätien hatte es um 800 zum Dank für seine Rettung aus Seenot gegründet. Das Frauenkloster *Unserer Lieben Frau unter den Linden* wurde im elften Jahrhundert in ein freiweltliches Stift umgewandelt.

Während die Nonnen und Stiftsfräuleins im ummauerten Nordosten der Insel wohnen, werden die Märkte in Aeschach am Ufer des Sees abgehalten. Aus Sicherheitsgründen verlegt das Stift den Markt um 1080 auf die Insel.

Damit ist der Startschuss für das Entstehen einer planmäßig angelegten Marktsiedlung gefallen, die einen rasanten Aufschwung erlebt. Der regelmäßige Grundriss der Kaufmannssiedlung ist bis heute ebenso zu erkennen, wie die Spuren der Stadtmauer. Der Mangturm sichert die Insel. In die Mauer integriert ist auch der um 1370 errichtete Diebs- oder Malefizturm im Westen der Kaufmannssiedlung. Er dient als Gefängnis. Das Gebiet westlich der Stadtmauer bleibt unbebaut und durch einen breiten Wassergraben als Insel künstlich abgetrennt. Dieser Teil wird bis ins 19. Jahrhundert landwirtschaftlich genutzt.

Gehandelt wird mit Wein, Obst, Gemüse, Flachs und dem zum Schiffsbau benötigten Hanf. Bauern aus dem Westallgäu und dem Bregenzer Wald bringen Vieh, Käse und Schmalz nach Lindau. Die oberschwäbischen Bauern verkaufen dort ihr Getreide. Doch der Handel beschränkt sich nicht nur auf Lindau. Bereits 1213 werden Lindauer Textilkaufleute in Genua erwähnt. Die Handelsbeziehungen nach Italien bilden eine wichtige Grundlage für Wirtschaft und Wohlstand auf der Insel. Wein vom Bodensee ist ein Exportschlager.

Lindau blüht und wird eine der reichsten Städte Schwabens, währenddessen bekämpfen sich die Kaufleute und die Herrinnen der Stadt verbissen. Jahrhundertelang haben die Stiftsdamen das Sagen gehabt, nun verschiebt sich nach und nach das Gewicht hin zu den Bürgern. Doch der Weg dorthin ist lang: Als 1241 Lindau den Titel *Reichsstadt* erhält, ist die Stadt eigentlich allein dem König untergeordnet. Um den Bürgern nicht zuviel Autonomie einzuräumen, gibt es jedoch weiterhin ein geistliches Machtzentrum. Die Macht des Stiftes bleibt also vorerst erhalten. 1466 erhält die Äbtissin gar den Titel einer Reichsfürstin.

Nur nach und nach gelangen die Kaufleute zu mehr Rechten. Mit der Reformation im 16. Jahrhundert wittern sie ihre Chance, sich endgültig von der Frauenherrschaft zu befreien: Die Stadt nimmt den neuen Glauben an. In den Kriegswirren der napoleonischen Ära verliert Lindau schließlich seine Stellung als Reichsstadt, bevor es an die Österreicher fällt. Später wird Lindau bayerisch.

Die Lindauer sehen den Landeswechsel gelassen. Was sollen sie auch sonst tun? Sie genießen ihre malerische Stadt mit der hohen Lebensqualität am See und den nahen Bergen. Sie sitzen abends an der Uferpromenade, erfreuen sich am Abendlicht, das den See zum Glitzern bringt und die Berge als Silhouette erahnen lässt. Dann ist Lindau ganz südlicher Charme.

Österreichische Alpen, Bregenzer Bucht und die Insel Lindau aus der Vogelperspektive. Unten am Bildrand ist die Turmspitze des *Hotels Bad Schachen* erkennbar.

Dampfschiff *Hohentwiel* beim Einlaufen in den Lindauer Hafen.

Lindau als einzige bayerische Stadt am Bodensee hat einen der bedeutendsten Häfen der *Weißen Flotte*, der Tourismus ist die wichtigste Einnahmequelle der Stadt.

Die Lindauer Hafeneinfahrt in beißendem Winterwind, markant durch ihren großen Leuchtturm und den 70 Tonnen wiegenden *Bayerischen Löwen*.

Auch österreichische Schiffe, wie hier die *MS Austria* an der Hafeneinfahrt, laufen Lindau an.

Auf dem Lindavia-Brunnen steht *Lindavia*, die Beschützerin der Stadt, mit einem Lindenzweig. Seine Beckenfiguren symbolisieren den früheren Reichtum Lindaus: Schifffahrt, Fischerei, Wein- und Ackerbau.

Die sogenannte *Römerschanze* sicherte ursprünglich die Südseite der Stadt. Heute bietet sich von hier ein schöner Ausblick auf Stadt und See.

Das wohl am meisten fotografierte Lindauer Gebäude ist das *Alte Rathaus*. Es besitzt einen Treppengiebel im Renaissance-Stil, eine überdachte Freitreppe und üppige Wandmalereien, die die Lindauer Geschichte widerspiegeln.

Die Fußgängerzone in der Maximilianstraße ist sehr lebhaft. Sie wird von hübschen historischen Bürger- und Handwerkerhäusern gesäumt.

LADY
NORDSEE

Stadtmuseum Lindau
18. August bis 1. November
Rund um...
den Bodensee
Graphiken aus eigenem Bestand
Stadtmuseum

Das mit reichen Fassadenmalereien geschmückte *Haus zum Cavazzen* wird oft als schönstes Bürgerhaus am Bodensee bezeichnet; in ihm befindet sich heute das Stadtmuseum.

Im Pulverturm wurde früher wirklich Schießpulver gelagert. Er ist der westlichste Punkt der Insel.

→ Herbstlicher Blick über den Lindauer Hafen mit dem alten Hauptzollamt im Vordergrund.

← Der Diebsturm ist Teil der alten Stadtbefestigung und diente früher sowohl als Wachturm als auch als Gefängnis.

Zur abendlichen Dämmerstunde strahlt das Lichtermeer rund um den Lindauer Hafen eine oft magische Stimmung aus.

Vom Hoyerberg aus sieht man die Inselspitze und den Pulverturm im letzten Abendlicht leuchten.

→ Bei Niedrigwasser kann man vom alten Güterbahnhof aus ein paar Schritte in den See hinein laufen. Im Abendrot zeichnet sich die Silhouette der Insel mit Spielbank, Kirchen und Hafeneinfahrt ab.

GALGENINSEL: *Galgen oder makabere Prüfung*

Idyllisch kann es auf der Galgeninsel sein, dem Lindauer Naturschutzgebiet: Vögel brüten, Schilf wiegt sich im Wind. Eine Insel im herkömmlichen Sinne ist die Galgeninsel heute allerdings nicht, eher eine Halbinsel. Landkarten aus dem 18. Jahrhundert zeigen die Galgeninsel noch als Insel, im 19. Jahrhundert wird sie bereits als Halbinsel abgebildet.

Wie der Name es bereits erahnen lässt, ging es auf der Galgeninsel früher rauer zu. Hier stand tatsächlich Lindaus Galgen. Noch heute kann man in einem gewaltigen Felsblock eine Vertiefung finden, die einst den schweren Galgenpfosten aufnahm. Die Legende kündet von einer makaberen Prüfung, die die zum Tode Geweihten zu bestehen hatten: Ihre Arme wurden auf den Rücken gefesselt, dann sollten sie im See Richtung Inselstadt gehen, die einige hundert Meter entfernt liegt. Gelang es den Delinquenten die Insel zu erreichen, wurde ihnen die Freiheit geschenkt. Was nur wenige schafften. Denn selbst bei Niedrigwasser hat der Bodensee hier noch eine erhebliche Tiefe.

Das heute idyllische Naturschutzgebiet der Galgeninsel beherbergte früher wirklich den Galgen der Stadt. Damals war die heutige Halbinsel noch rundum von Wasser umgeben.

Insel Hoy: *die Kleinste*

Dagegen ist die Insel Hoy, die nur 550 Meter von der Galgeninsel entfernt liegt, ein Paradies. Allerdings ein sehr kleines Paradies. Gerade mal fünf auf sechs Meter misst Hoy, mehr brauchte ihr Besitzer nicht. Die Insel Hoy ist eine künstliche Insel, eine private Badeinsel, die der Besitzer der nahegelegenen Villa Seeheim aufschütten ließ. Eine Weide spendet Schatten. Auch Hoy ist mittlerweile keine Badeinsel für reiche Villenbesitzer mehr, sondern Naturschutzgebiet. Das kleinste Naturschutzgebiet und die kleinste Insel im Bodensee, aber von allen Seiten von Wasser umflossen und über den Wasserspiegel hinausragend.

Die kleinste der Bodenseeinseln ist die ursprünglich künstlich aufgeschüttete Badeinsel Hoy.

→ Manchmal werden auch die Vogelinseln an der ehemaligen Dorniermole zu den Bodenseeinseln gerechnet. Dort befinden sich eine Slipanlage und ein Steg, um den Besitzern der davor ankernden Boote den Zugang zum Wasser zu ermöglichen.

Interessantes über den Bodensee

Der Bodensee liegt im Alpenvorland, 395 Meter über dem Meeresspiegel. Nach dem Plattensee in Ungarn mit einer Fläche von 594 Quadratkilometern und dem Genfer See mit einer Fläche von 580 Quadratkilometern ist der Bodensee der drittgrößte Binnensee Europas. Seine Fläche beträgt 571 Quadratkilometer, die mit rund 50 Milliarden Kubikmeter Wasser gefüllt ist. Seine tiefste Stelle liegt zwischen Fischbach und Uttwil und beträgt 254 Meter, durchschnittlich ist der See 80 Meter tief.

Der Bodensee liegt im Dreiländereck Deutschland, Österreich, Schweiz, wobei Deutschland mit 173 Uferkilometern den größten Anteil hat, davon entfallen 155 Kilometer auf Baden-Württemberg und 18 auf Bayern. Die Schweiz darf sich über 72 Uferkilometer und Österreich über 28 freuen. Wem exakt welcher Teil des Gewässers gehört, wurde nie festgelegt. Die Grenzziehungen durch den See beruhen allein auf Gewohnheitsrecht.

Zwischen Friedrichshafen und Arbon auf der Schweizer Uferseite ist der See mit 14 Kilometern am breitesten. Die längste Ausdehnung hat er von Bregenz bis nach Konstanz: 46 Kilometer Luftlinie. Von Bregenz aus ist in Konstanz nur die Spitze des Münsters zu sehen. Schuld daran ist die Erdkrümmung, die auf dieser Distanz 42 Meter beträgt.

Namentlich gliedert sich der Bodensee in drei Teile: Das größte Stück (472 Quadratkilometer) zwischen Lindau und Meersburg heißt *Obersee*. Der Überlinger See erstreckt sich zwischen Meersburg und Bodman. *Untersee* nennt man den Teil zwischen Konstanz und Stein am Rhein. Der Untersee gliedert sich in den Gnadensee, der im Norden von Allensbach liegt, und den Zeller See im Süden zwischen Horn und Radolfzell. 14 Inseln liegen im See, manche sind unzugängliche Naturschutzgebiete, andere, wie die Inseln Mainau und Lindau, sind Touristenmagnete. Die größte Insel ist die Kloster- und Gemüseinsel Reichenau. Die kleinste ist die Insel Hoy, sie misst gerade mal fünf auf sechs Meter. Hoy ist eine künstliche Insel, eine private Badeinsel mit einer schattenspendenden Weide darauf. Mittlerweile ist die kleine Insel ein Naturschutzgebiet.

Vor 200.000 Jahren, während der Riss-Eiszeit, war vom Bodensee noch nichts zu sehen. Er ist durch den mächtigen Rheingletscher entstanden, der sich von den Alpen bis über die Donau hinausgeschoben hat. Diese Eiswüste erstickte über 100.000 Jahre lang jedes Leben unter ihrem viele hundert Meter dicken Eispanzer.

Danach kamen Wärmeperioden, in denen die Natur die vom Eis befreite Landschaft zurückeroberte. Ein tiefer See, vom Schmelzwasser des Rheins gespeist, blieb zurück. Enten, Seeadler und sogar Pelikane lebten in seinen Schilfflächen. Tausende von Tümpeln und Seen entstanden. Doch das Idyll währte nicht lange. In der Würm-Eiszeit vor 30.000 Jahren schob sich der Rheingletscher abermals über den Bodensee.

Nach dem Abschmelzen des Eises vor etwa 10.000 Jahren nahm der Bodensee eine Fläche von 1200 Quadratkilometern ein, war also mehr als doppelt so groß wie heute. Der Rheingletscher grub das Seebecken und schuf die typischen Moränenhügel, wie sie heute noch auf dem Bodanrück oder im Lindauer Hinterland zu sehen sind. Mächtige Wälle sind rund um den See erkennbar. Sie zeigen, welche Ausdehnung der Rheingletscher während der letzten Eiszeit hatte.

Erdgeschichtlich betrachtet ist der Bodensee nur eine temporäre Erscheinung, die es in einigen zehntausend Jahren nicht mehr geben wird. Der See verlandet. Allein im 20. Jahrhundert entstanden mehr als zwei Quadratkilometer neue Landfläche, vor allem durch die enormen Sedimentmassen, die der Alpenrhein, der große Wildbach, mit sich führt. Dadurch verändert sich sein Mündungsgebiet ständig.

Außer dem Alpenrhein, dem größten Zufluss des Bodensees, fließen noch der alte Rhein, die Bregenzer Ach, Argen, Rotach, Schussen, Leiblach, Dornbirner Ach sowie die Stockacher, Seefelder und Radolfzeller Aach in den See.

Die Wasserfläche des Sees wirkt als riesiger Spiegel, der das Sonnenlicht reflektiert und in einer Zone von vier bis fünf Kilometer über das Ufer hinaus die Sonnenintensität zusätzlich steigert. Die Wassermassen speichern die Wärme und mäßigen sowohl Winter als auch Sommer. Dadurch entspricht das Klima etwa dem der Oberrhein-Ebene, die 200 bis 300 Meter tiefer liegt. Der Föhn strömt häufig durch das Rheintal zum See, bringt warme Luft und klare Sicht. Im Winter allerdings hängt oft eine hartnäckige, aufs Gemüt drückende Hochnebeldecke über dem See.

Die Siedlungsgeschichte am Bodensee reicht weit zurück. Die Landschaft im Voralpenland bot den damaligen Bewohnern zahlreiche Vorteile: ausreichend Wasser, fruchtbare Niederungen, und in den dichten Sumpfwäldern lebten Wild und Wasservögel aller Art. Bereits in der älteren Steinzeit, also vor etwa 15.000 Jahren, durchstreiften nomadisierende Jäger und Sammler das Gebiet. Das beweisen vielfältige prähistorische Funde aus dieser Zeit. Als Wohnarchitektur wurden schon in der Steinzeit Pfahlbaudörfer angelegt, deren Aussehen sich bis zur Eisenzeit kaum änderte. Allein am heutigen deutschen Ufer konnten etwa 70 Pfahlbaudörfer nachgewiesen werden. Auf Stelzen stellte man die Häuser, um die Schwankungen des Wasserspiegels von bis zu zwei Metern ohne nasses Hab und Gut zu überstehen.

Durch die Lage am Alpenrand war die Region schon früh Durchzugsgebiet und Handelsraum. Die Kelten errichteten befestigte Siedlungen. Im Auftrag des Kaisers Augustus erschienen die Römer im Jahr 15. Der junge Feldherr Tiberius musste sich sogar in einer Seeschlacht gegen die rätischen Stämme behaupten. Die Schiffe dazu ließ er vermutlich auf der Insel Mainau bauen. Der See war für die Römer von erheblicher strategischer Bedeutung. Zur Sicherung ihrer Vorherrschaft legten sie mächtige Kastelle an, wie in Arbon und Eschenz (Schweiz) oder in Konstanz. Ihr wichtigster Stützpunkt war Bregenz. Den See nannten die Römer deshalb auch *Lacus Raetiae Brigantinus*.

Im zehnten Jahrhundert entstand der Name *Lacus Bodamicus*, der von der bedeutenden Kaiserpfalz Bodman (oder auch *Bodama*) am westlichen Ende des Sees herrührt. Später wurde daraus *Bodensee*. In einigen Fremdsprachen wird der See nach Konstanz, der größten Stadt am See, benannt – *Lake of Constance, Lac de Constance, Lago di Constanza* ...

© Edmund Möhrle Photographie

Holger Spiering ist ein echter *Seehas*: 1967 in Überlingen am Bodensee geboren. Schon als Kind durchstreift er das Seeufer, wenn auch ohne Kamera. Denn diese hatte er auf dem Weg in den Italienurlaub verloren. Zum Glück leiht ihm sein Vater seine *Asahi Pentax Spotmatic*, mit der Holger Spiering nun losziehen kann. Zuerst am Bodensee, später dann während seines Studiums der Forstwissenschaften in Nordschweden und Neuseeland. Dort lernt er den Pionier der Panoramafotografie, Andris Apse, kennen, von dem Spiering sagt: *Er inspiriert mich und begleitet mich seither gedanklich.* Nach zwei Reisejahren landet er wieder in Überlingen mit der Gewissheit, die Fotografie ernsthaft zu betreiben. Holger Spiering jobbt in einem Fotogeschäft und ist in jeder freien Minute mit der Kamera in der Bodenseeregion unterwegs.

Sein erstes gedrucktes Foto erscheint als Postkartenmotiv: Sonnenuntergang über dem Überlinger See. *Nie wieder war ich so stolz auf ein Foto.* Er investiert in eine analoge Panoramakamera, die damals so viel kostete wie ein Kleinwagen, beendet seinen Job im Fotogeschäft, wagt den Sprung in die Selbständigkeit und wird zum Chronisten der wunderschönen Bodensee-Landschaft, die er wie seine Westentasche kennt. Holger Spiering liebt seltene Wetterstimmungen, dafür verlässt er schon mal den gemütlichen Grillabend mit den Schwiegereltern, wenn erste Blätter zur Erde wirbeln und sich ein Gewitter ankündigt. Spiering, der Landschaftsfotograf, scheut weder kräftige Hagelschauer, noch Blitze oder Sturmböen, wenn sich daraus stimmungsvolle Lichtkompositionen ergeben. Während sich andere bei so einem Wetter aufs Sofa verkriechen, lehnt sich Spiering gegen den Wind, versucht seine Objektive gegen die Wogen, die von der Ufermole donnern, zu schützen, nur weil ein schmaler, heller Streifen am Horizont durch die dunkle Wolkenwand erscheint, dessen warmes Licht sich auf den Wogenspitzen bricht. Nach dem Orkan bleibt ein Teppich von abgefallenen Blättern und Ästen und bei ihm das Hochgefühl, den richtigen Moment erwischt zu haben.

So entsteht ein enormes Bildarchiv rund um den See mit mehr als 10.000 sofort verfügbaren Aufnahmen – eines der vollständigsten Bodensee-Bildarchive.

Obwohl es sein kann, dass Holger Spiering bei idealem Licht alles stehen und liegen lässt und die schwere Kameratasche schnappt, findet er noch genügend Zeit für seine Familie, um das Haus zu renovieren, für Gartenarbeit, Paddeln und Imkern. Wobei der Blick dann oft gen Himmel geht, schließlich könnten außergewöhnliche Wolkenformationen aufziehen.

ISBN: 978-3-89823-465-8

Design: Marcus Bela Schmitt & Edition Panorama
Lektorat: Dr. Christophe Klimmer, Diana May, Wolfgang Roth
Litho: EPS GmbH, Speyer
Druck: Passavia Druckservice GmbH & Co. KG, Passau
Bindung: Conzella Verlagsbuchbinderei GmbH & Co. KG, Pfarrkirchen

Edition Panorama GmbH | G7, 14 | D-68159 Mannheim

Eine Produktion der EDITION**PANORAMA**